納税日本一億万長者が語る

運命は変えられる

斎藤一人
Saito Hitori

KKロングセラーズ

はじめに

この本には、一生のうち一回しか聞けないような話が書いてあります。

この話を聞いてしまった人は、仕事や人間関係、健康、この世で起きるありとあらゆる問題・悩みをものの見事に解決できます。

ただし、この話を信じてくれる人は少ないです（笑）。

信じたくない人は信じなくても全然かまいません。でも、私自身はかなりの自信をもっています。

どうぞ、楽しんでお読みください。

斎藤　一人

一生のうち一回も聞けないような話

特別付録

健康を呼び込む奇跡の言葉

序「運命」について

運命は好転できる

おおざっぱにいって、世の中には二通りの人がいます。

一つは「運命なんかないんだ」という人。

「この世で起きることは全部偶然なんだ」という考えかたの人です。

もう一つは、「運命があるんだ」という運命論者。

ほとんどの運命論者は、「この世で起きることはすべて、運命でもってガチガチに決まっているんだ」みたいなことをいいます。

私も運命論者なんですけれど、ただ、私は、「運命はいくらでも好転できるんだ」と思っているんです。

そして、実際に、私のお弟子さんたちは、私と会って運命が変わりました。

ところが、ガチガチの運命論者からすると、この事実も「そういう運命だったんだ」ということになるんですね。

斎藤さんに会って、こんなことを教わって運勢がよくなる、という運命だったんだ、と。

それから、たとえば、この本を読んであなたの運命が変わったとします。それも「元々『本を読んで変わる』という運命だったんだ」って。

それで、「運命は絶対に変えられないんだ」というのです。

だけど、私は「変えられる」と思っているし、変えてきたんですね。

ただ、私はそのことで誰かといい争うつもりはありません。

人って、誰かと争うために生まれてきたわけではないからね。

だから、「運命は変えられない」と思っている人は、そう思っているなかで、しあわせになってくれればいいいなと、私は思っているんです。

そして、「世のなかは偶然の連続だ」と思っている人は、そう思っているなかで、しあわせになればいいな、と私は考えています。

こういう前提で、これから話を進めていきます。

一生のうち一回しか聞けない

運命好転の法則

「感謝してます」のナゾ

私が創設した『銀座まるかん』、お弟子さんたちの会社もそうなんですけれど、みんなして、

「感謝してます」

という言葉をよく使います。

電話がかかってきたときでも、第一声は、

「感謝してます」

です。

なぜ、「感謝してます」という言葉をよく使うかという

と、私が、「『感謝してます』は最高の言葉なんだよ」

といってきたからです。

だから、創業当時からずっと、私たち〝まるかん人〟は、

「感謝してます」

といってきました。

そして、世間からは非常に不思議がられています。

なぜ、不思議がられているのかというと、理由があるんです。

私がなんで最高の言葉なのか、その意味を教えなかったから、みんなも意味がわからないまま、

「感謝してます」

というのです。

だから、非常に不思議なんですね。

それから、私のお弟子さんに遠藤忠夫さんという人がいます。

忠夫ちゃんの著書『斎藤一人　天才の謎』（KKロングセラーズ刊）を読んだことがある人はご存知だと思いますが、彼は経営者になる前は車の教習所で働いていました。

そして、その頃、私は忠夫ちゃんから直属の上司のことで相談されたんです。

その上司にあいさつをしても無視される。それから、忠夫ちゃんは教える資格をもっていたのに、教える仕事をさせてもらえなかったり……。

一種のいじめみたいなものですね。

そういう悩みを相談されて、私は忠夫ちゃんにこういったのです。

「その上司に『感謝してます』といってごらん」

「感謝してます」で脳のスイッチが切り替わる

普通、自分をいじめている人に対して「感謝してます」なんて、いえないですよね。

忠夫ちゃんも最初は、

「そんな、とんでもないですよ！」

といっていました。

だけど、心のなかでいろんな葛藤があったけれど、最終的に忠夫ちゃんは、

「よし、いうぞ！」

と決意したんです。

そして、ある朝、その上司にいいました。

「おはようございます。感謝してます！」

上司はその言葉にビックリして、つい「おはよう」って、忠夫ちゃんにあいさつを返したそうです。

それを境に上司の態度が一八〇度変わりました。

「遠藤君は自動二輪を教える免許もってたよね。そろそろ自動二輪を教えてみないかい？」とか。

「学科のほうを教えてみないかい？」とか。

しまいには、「遠藤君、今晩、飲みに行こう」って。

忠夫ちゃんのことをかわいがってくれるようになったんです。

このエピソードを話すと、たいがいの人はビックリして、「不思議だ」というのですが、これは不思議ではありません。

実は、いやがらせをする人というのは、自分がいやがらせをしている人間に、

「感謝してます」

といわれたと同時に、脳のスイッチが「カチっ」と切り替わって、いやがらせを止めるようにできているのです。

脳のスイッチが切り替わるというのは、ほめられたとか、おだてられたという単純な話ではありません。

これは、みなさんが想像している以上に深い話なのです。

二〇年後の種明かし

「感謝してます」

　この一言で、忠夫ちゃんの問題が解決したのは、なぜなのか。

　私は、誰かに〝いいこと〟を教えたとき、

「なんで、それをするといいんですか？」

　と聞かれても、本当のことをいうのは二〇年後にしよう（笑い）、って決めているんですけれど、今日は特別に話します。

実をいうと、私は、上司に「感謝してます」といいたがらない忠夫ちゃんに、こういう話をしたのです。

「忠夫ちゃんの職場には、いやがらせする上司が一人いるよね。

だけど、上司はその人だけじゃない。

他に何人も上司がいるよね。

そのなかでいやがらせをするのはその人だけだよね。

同僚もしないし、他の先輩もしないよね」

なぜ、こんなことをいったのかというと、

「あの上司が変わってくれたらいいのに……」

「この上司をなんとかするには、どうしたらいいでしょう」

そんなことばかり、忠夫ちゃんは考えていたからです。

要するに、自分にいやがらせをしない人たちに対して感謝がないのです。

「自分にいやがらせしないのが当たり前だ」

と思っていた。

でも、いやがらせをしないのは当たり前ではありません。

それは、すっごい、しあわせなこと。

そして、それは奇跡なんです。

だから、いやがらせをしない人に感謝しなきゃいけないのです。

「伊藤さん、感謝してます」

「鈴木さん、ありがとね」

そうやって、自分に意地悪をしない人たちに一人ずつ感謝する。

そうすると、心が落ち着いてきて平和になってきます。

そのとき、今まで自分に感謝が足りなかったことに気づくんです。

「感謝を教えてくれたのは、自分にいやがらせをしている、あの人なんだ。あの人が私を目覚めさせてくれたんだ」

ということにも気づき、そして、いやがらせをしていた人間に、

「感謝してます」

といったときに、その人間の脳がガチャガチャガチャッと動いてお役目が終わるようになっているのです。

「お役目」とはなにかというと、その人は、あの世にいるときに決めてきてるのです。

この世で、あなたの魂の成長を助けるために、

「自分はいやがらせをするんだ」

と決めて出てきています。

でも、その役目は、感謝でもって終了するのです。

霊格をあげると同時に問題が消えてなくなる法

生きていると、いろいろな問題が出てきます。

そして、問題が出てくると、たいてい、人は悩んだり、苦しんだりします。

でも、問題というものは、自分の魂を成長させるためのものなんです。

人間は、自分に起きた問題を利用して魂のステージ、いわゆる「霊格」をあげていきます。

ただ、ほとんどの人は、自分の魂をどうやって成長させるかを知らない。

それどころか、目の前に起きた問題が自分の魂を一つ上にあげる階段だということも知らない人も多いんです。

だから、苦労したり、悩んだりするのです。

でも、私はなぜか、昔から知っていました。

問題が起きたとき〝魂を成長させる方法〟というのがあることを。

魂を成長させると同時に、その問題を解決してしまう方法があるということを。

その方法はたった一つです。

たった一つの方法で、全部の問題が解決できます。

それは、感謝です。

これから、いくつか例題をあげながら、魂を成長させると同時に問題を解決してしまう「感謝の法則」についてお話していきます。

がんは感謝に勝てない

たとえば、病院で検査を受けたら、胃にゲンコツぐらいの大きさのがんが見つかったとします。

ビックリしますよね。

「なぜ、こんなにデカイがんができちゃったんだろう」

「なぜ、自分だけ、こんな目に逢うんだろう」

いろんなことをいって悲しみます。

でも、〝ゲンコツぐらい〟以外のところは、がんではないんですよね。

髪の毛はがんではない。
顔はがんじゃない。
首はがんじゃない。
手はがんじゃない。
腸も、膀胱も、足もがんじゃない。

ところで、そのことに感謝したことはありますか？

ないですよね。それは「当たり前だ」と思って、今まで生きてたんですよね。
だから、ちゃんと必要な治療を受けながら、手に感謝する。

「手さん、がんにならなくてありがとね」

腸に感謝して、膀胱に感謝して、足に感謝して、足の裏に感謝する。

そうやって、ずぅーっと「感謝、感謝」ってやっていくと、

「自分の感謝のなさを教えてくれたのは、がんなんだ。ありがたいな」

って、がんにまで感謝するのです。

そのとき、がんは感謝されると消滅するという特徴があるのです。

なぜかというと、がんというのは、頑固さだったり、イライラや怒り、うらみ、心配ごと、そういう負のエネルギーがかたまってできたものなんです。

だから、がん患者のお腹を切り開いて、見ると、がんの面《つら》がまえが人間の怒った顔をしているのです。

がんの写真やなんかを見ると、本当にそうなのです。感謝の顔ではない。

グワッとお腹を開けたら、がんが笑顔で迎えてくれることは、ないのです。

その問題には〝意味〟がある

なにか一つ問題が起きたとき、多くの人は「なぜ、こんな問題が起きたんだろう」と考えます。

理詰めで考えると、いろいろな原因が思い当たるでしょう。

でも、魂的な視野からいうと、自分に起きる問題は「自分の感謝のなさ」を教えてくれるものとして出てきています。

だから、上司が自分にいやがらせをするのだとしたら、いやがらせをしない同僚やなんかに感謝が足りなかったのです。

感謝の反対は「当たり前」。

同僚たちがいやがらせをしないのは当たり前だと思っていた。

ということは、感謝を知らないのです。

だから、病気になったのだとしたら、からだに感謝することを知らなかったんです。

それの「気づき」のために、どこかからだの具合が悪くなる。

それに気づき、他の具合が悪くないところ一つひとつに感謝すればいいのです。必要な治療を受けながら、感謝すればいい。

そうやって、問題のないところに感謝して、感謝して、最後に問題そのものにまで感謝できたとき、その問題は消滅するようになっています。

これはお約束ごとです。

この世は、そういう仕組みになっています。

ということは、問題が起きたとき、

「これは自分が感謝を知らなくて起きたんだ」と思い、最初から問題そのものに感謝するのが、一番いいんですよね。

忠夫ちゃんがそうだったように、

「感謝してます」

といえば、その問題は終わるんです。

でも、最初から問題そのものに感謝するという流れには行かないものなのです。

だから、最初は問題を起こしていない周りに感謝から始めるのです。

周りへの感謝から始めると、やがて、その問題にも感謝できるようになります。
そして、魂が上にあがります。

「子どもができない」なら、旦那さんに感謝

今度は別の例題を出してみます。

私は旅が好きで、いろんな地方に行くのですが、そこの土地で知り合った人に相談されることがあるんです。

相談ごとで、結構多いのが子どもの問題です。

「すごくしあわせなんですけど、子どもだけが……」って。

結婚して一〇年経っても、一五年経っても、子どもができない。そのことを唯一の不幸であるかのようにいうのです。

でも、結婚してから一〇年も、一五年も経ってて、それでも、

「ダンナの子どもが欲しい」

といっている。ということは、その旦那さんは相当いい人なんですよね。

だって、今、「別れよう」と思ってる人の子どもを産もうなんて思わないでしょ?

じゃあ、あなた旦那さんに感謝したことがありますか?

旦那さんに、

「あなた、感謝してます」

と、いったことがありますか?

周りの姑さん、小姑さんに、

「感謝してます」

って、いったことがありますか?

子ども以外の〝いいこと〟は全部、「当たり前だ」と思ってて、感謝することを知らないのです。

そして、「ない」ことにだけ不平不満をずっといっているのです。

そういうのを神さまは見てて、

「その考えは苦しいだけだから、もうやめなさい」

といってる。

それを伝えたくて、その問題を出してくれたんです。

だから、感謝すればいいのです。
そうすれば、魂は一つ上にあがり、その問題は消えます。

子どもは、授かるのも神の恵み。
授からないのも神の恵み。
今世は子どもができないと、決めてきた人もいるのです。
そういう人は夫婦で仲よくすごせばいいのです。
「ないもの」をねだるより、「あるもの」に感謝しましょう。

「息子に嫁がこない」なら、息子に感謝

「ウチの息子に嫁がこないんです」

「娘が嫁に行かないんです」

この相談は、さっきの「子どもができません」というのより多いんです。

「お前、いつ嫁がくるんだ」

「いつ嫁に行くんだ」

そればっかり、子どもにずっといってる親御さんがいます。

私はそういう親御さんにこういうのです。

「お母さんとずっと一緒に住んでくれるって、やさしいお子さんですね」

そうすると、そのお母さんは、

「そうなんですよ。ウチの息子はこういう〝いいとこ〟があって、ああいう〝いいとこ〟があって……」

自分の息子には〝いいとこ〟がいっぱいあるんです。

なのに、そのことには感謝しないで、「嫁がこないこと」「嫁に行かないこと」だけを、ずぅーっといっているんです。

つまり、親御さんは感謝を知らない。

だから、苦労するのです。

そんなことをするよりも、

「お前にはこういう〝いいとこ〟があって、ああいう〝いいとこ〟があるよね。お前には感謝してるよ」

って。そして、

「お前と一緒に暮らしているんだから、仲良くやろうね」

といっていれば、いいのです。

そして、お嫁さんがきたら、お嫁さんにも、

「感謝してるよ。仲良くしようね」

なんです。

それを、お嫁さんがこない息子に、のべつまくなし「い

つくるんだ、いつくるんだ」って。

あの世にいるときに「結婚しない」と決めてきている人もいるんです。そういう人は、結婚しません。

でも、いい人が出てくれば、親を捨ててでも出て行くんですよ。

そういうものなのです。

自分の息子・娘があの世でなにを決めてきたかは、別に知らなくてもいいことだけど、でも、感謝することは知っておかないとね。

親御さんの苦労は感謝を知らないところから出てきている、ということに気づいたほうがいいですよね。

すべての不幸は「当たり前」から始まる

この世で人生の成功者になるには、ただ一点、感謝です。

逆をいうと、「当たり前」といった瞬間から、不幸が始まる。

だから、夫婦だって、旦那さんがお給料をもってきてくれたら、

「ありがとう」

なんです。なのに……。

「夫は働いてお給料を家に入れるのが当たり前だわ」

という奥さんもいます。

旦那さんのほうも、奥さんが料理を出すのを「当たり前だ」と思って黙って食べ、「ごちそうさま」もいわない。

「それが夫婦ってものですよ」

というけれど、そんなことをしていると、どうなるか。

間違いなく、血みどろの戦いになります（笑）。

「お互いわかっているから、『ありがとう』『感謝してます』っていわなくてもいいんだ」

ではないのです。

お互いわかっているのに、いいあわないから、血みどろの戦いになるのです。

もっと、しあわせになりたかったら、お互い感謝してください。

会社へ行っても、そうですよ。

給料日に、当然という顔をして給料をもらっている人もいるけれど、社長さんに、

「ありがとうございます」

「感謝してます」

って、いってごらん。

この一言をいえるか否かで、人生、えらく違ってきますよ。

因果は「感謝」で消える

最後にもう一つ例題を出します。
この前、とても気の毒な人と会いました。
「私の両親はとんでもない親で。しかも、ちっちゃいとき
に、自分はおじさんにいたずらされて」
というようなことを、ずぅーっと友だちにいってて、
「自分ぐらい不幸な人はいない」
と、いうんですね。
本当にたいへんな目にあって、すごく気の毒なんです。

だけど、その話を聞いている人は、なにも悪いことをしていないんですよ。

逆に、やさしくしてくれているのです。

その不幸な人は、自分にやさしくしてくれている人に対して、嫌な顔、つらい顔をずぅーっと見せているんです。

それでその人の話を聞いていると、悪い人は、両親とおじさんの、たった三人なのです。

それ以外の人は、ホントにいい人なんです。

でも、自分の周りにいる、いい人たちに感謝しているんだろうか？

その三人のことで、周りの人にずっと嫌な思いをさせているんですよね。

周りの人に不愉快な思いをさせておきながら、しあわせになることはできませんよ。

「自分はこういう目にあって、ああいう目にあって」というけれど、じゃあ、自分はなにも悪いことをしていないのですか？

原因があって結果があるのが、この世の仕組みだから、なにもしてないものが、なるわけがないでしょう。

自分も、前世か、前々世かで、同じようなことを人にやったのです。それが回りまわって、今世、自分に戻ってきているんです。

この世には、カルマとダルマというのがあってね。

悪いことをして、悪いことが起きるのが、カルマ。

〝いいこと〟をして、〝いいこと〟が起きるのが、ダルマです。

だから、ダルマで生きればいいんです。

ダルマで生きるのは、そんなに難しいことではないんですよ。

いろんなものに感謝していればいいだけなんです。

だから、嫌なことがあったら、必ず、自分に嫌なことをしない人に焦点をあわせて、そこに感謝してください。

そして、自分には感謝が足りなくて、いい人には「当たり前だ」と思ってしまう。

この、いたらなさを気づかせてくれるために起きた現象なんだ、ありがたい。そうやって感謝してください。

そうすれば、ダルマの人生が始まります。

感謝の人生で運命好転

カルマとダルマの話が出たついでに、少し高度な話をします。

世間には、人間は死んだら終わりだと思っている人もいます。

でも、それは違います。

肉体は死んでも、魂は死なない。

何度も、何度も生まれ変わります。

それで、たとえばの話なんですけれど、前世のそのまた前の前ぐらい、三代か四代ぐらい前に、自分は戦に行って捕虜をつかまえました。そして、その捕虜の目を失明させたとします。

すると、あとで自分がやったことが返ってきます。

要するに、カルマですね。

生まれ変わったとき、目に障害をもって生まれてきたりします（目に障害をもって生まれてきた人全員がそうだとは限りません）。

ただし、その因果は次の代に出るわけではありません。

何代もあとになって出てくるのです。

なぜ、次の代に出てこないのかというと、その試練に耐えられないからです。
その試練を乗り越えられるぐらい魂が成長してこないと、その試練は出てこないようになっています。

なにをいいたいのかというと、
この世で自分が経験する試練は、必ず自分が乗り越えられるものなんだ。

それをいいたいのです。
ただし、何代も前に自分がおかした過ちを清算して清算していかなきゃいけないのかというと、必ずしもそうではありません。

今世、「感謝、感謝」という形で生きていく。

日ごろから、いろんなものに感謝し、問題が出てきたら、問題を起こさないでいてくれる周りに感謝するのです。

そうすると、魂のステージがうんと、うんとあがってきます。

次元が全然違うところまであがるのです。

そうすると、何代も前の過ちが、わが身に返ってくることはありません。

なぜかというと、人としてどう生きるべきかがわかったら、身をもって同じ体験をする必要はないのです。
天は、感謝を知った人間に、無意味な苦しみを与えることは絶対にしないのです。

「感謝」の波動は最高

感謝は運命を好転させるほどの、素晴らしいパワーがあります。

それぐらい、感謝の波動は最高です。

だから、私やお弟子さんたちの会社では、社長はもちろん、従業員全員が、

「感謝してます」

という言葉をよく使うんです。

「感謝してます」

これをみんなの口癖にしてもらいたいな、ということでやっています。
もちろん、「ありがとう」といってもいいんですよ。
いいなれていないと、
「感謝してます」
って、いいづらいだろうし。
それに、世間には「ありがとう」もいえない人もいますからね。
だから、最初は親に「ありがとう」とか、周りの人に「ありがとうね」でいいんです。
ただ、「感謝してます」の波動が一〇〇点だとしたら、

「ありがとう」の波動は五〇点ぐらいです。

高い波動のある言葉だから、これを使ったほうがいいですよ。

それから、忠夫ちゃんが、いやがらせをする上司に、

「感謝してます」

といったら、上司がいい人になったという話なんですけれど。

「これは奇跡だ！」

という人もいるのですが、これは奇跡ではありません。

なぜかというと、奇跡とは、めったに起きないこと。

あれが、もし奇跡だったら、忠夫ちゃん以外の人には起

きないのです。
でも、この「感謝」の法則は、誰がやっても、どんな場合でも絶対通用します。
そして、感謝で魂は向上すると同時に、問題が解決することになっています。
運命が好転するようになっています。
ただし、信じたくない人は、信じなくてもかまいません。
うんと悩んでください。すごい〝いいこと〟があります。
悩むと、即菩提《そくぼだい》。
もう苦しくて、苦しくて、しょうがなくなって、
「なにかいい方法があったら、私、やります」

ということになります。
すると、そこに教える人が出てきて、感謝する。
つまるところ、どっちに転んでも、行き着くところは
「感謝、感謝」の人生です。

一生のうち一回も聞けないような話

人はなんのために生まれてくるのか

人はみな、ある目的があってこの世に出てきています。
その目的とはなにかというと、霊格、魂のステージをあげるということです。
だから、日々、「感謝、感謝」で生き、なにか問題が起きたときは感謝で解決する。
それで、魂のステージが一つ上にあがります。
でも、一個あがったら、それでおしまいではありません。
ステージが一つあがると、一つあがったなりの問題が出てきます。

それはなぜか。

たとえば、小学校一年で足し算と引き算の問題が解けるようになったら、二年で掛け算の問題をやって、次は割り算をやって、中学校で方程式を解いて……ということになりますよね。

そうやって段階を踏んで、算数・数学のレベルをあげていくんですよね。魂も同じです。

起きた問題を利用して魂のステージを一つあげたら、もう一つ上にあがるために問題が起きて、またステージをあげていく。

それをずぅーっと続けていって、最終的に一番上のレベルまで行くのです。

そのために、この世に生まれてきて、いろんなことを経験します。

ただし、通常は、一生涯のうちに魂のステージをあげるようなことは何個もありません。

だから、最上階にあがるまで、人は何度も何度も生まれ変わるようになっています。


ところが、なんです。

今世、生きてるうちに、あれよあれよと魂のステージを駆けあがってしまう方法があるんです。

これはすごく簡単です。

その方法をこれからみなさんに教えます。

ともに光を！

世間の人は、なにかしらの悩みをもっています。
それで、ほとんどの人は、こう思っているのです。
「自分の悩みはすごい」
なぜ、「すごい」と思うのかというと、無明の世界にいるからです。
無明という字のごとく、真っ暗闇のなかにいて、どうしていいかわからないのです。
でも、「感謝、感謝」で生きればいいんだ、問題が出てきたらこうやって解決すればいいんだ、ということがわかった人は、もう無明の世界にはいません。

それで、闇夜の世界から脱した人のことを、仏法では、

「解脱《げだつ》した人」

といいます。

ということは、あなたはすでに解脱しました。もう、わかったのだから、あなたは解脱した人です。

そして、周りに感謝して、ステージが一段上にあがりました。この時点であがったのは一個なんです。

ところが、自分の周りにいる人にも伝えるとします。

たとえば、友だち一〇人に伝えて、一〇人ともステージ

が一個あがったとします。
教わった人は、それぞれ一個です。
でも、伝えた人は一〇段あがるんです。

人生の無上の喜びとは……

実をいうと、お釈迦さまやキリストさんぐらい悟った人は、世の中に結構いるんです。

山にこもったりして悟ったのですが、ただし、自分だけが悟ったんです。

お釈迦さまやキリストさんは、みんなに教えたんですよね。

だから、向こうの世界へ行くと、神の位にあがっちゃったんです。

こんな話をして、みんなビックリしたかもしれないけれど、別にお釈迦さまやキリストさんみたくなる必要はないんですよ。

周りの人に、いかに伝えるか。ただ、この一点です。

自分だけでなく、周りの人も悟ってくれればいいんです。

「不平不満ばかりいっていないで、これからは周りに感謝します」

そういっただけで、もう全然違うんです。

だから、感謝を周りの人たちに伝えてみてください。

うまく説明できるかどうか自信がないのなら、

「この本、読んでごらん」

って、私の本を貸してあげるとかね。

それで、その人が「なるほど、わかった」と思ってくれたら、その人の魂は成長するようにできているんです。

魂が成長すると、今、その人に起きている問題はなくなっちゃうんです。

そうすると、その人もしあわせだけど、伝えた人間はもっとハッピーなの。

なぜなら、あなたは自分の魂のステージをあげるために、この世に生まれてきたから。

そして、人間というのは、人の魂のステージがあがるお手伝いをすることを〝無上の喜び〟とするようにできているからです。

追　伸

最初のうちは「感謝してます」を一日最低四〇回以上言ったほうがいいですよ。

口ぐせにするだけでも運勢はグッとアップしますよ。

おわりに

最後まで私の話につきあってくれたあなたに、心から感謝します。

この本に書いてあることを、どう活かすかは、みなさんの判断にお任せします。

でも、私は信じています。

あなたを信じています。

あなたに、すべてのよきことが、なだれのごとく起きます。

斎藤　一人

健康を呼び込む
奇跡の言葉

斎藤一人さん、ってどんな人

この小冊子を書いた斎藤一人さんは、ご存知の方も多いと思いますが、銀座まるかん（銀座日本漢方研究所）の創設者で、納税金額一二年間連続ベスト一〇という快挙をなされ、日本新記録を打ち立てた方です。

また、納税金額も発表を終えた平成一六年までで合計一七三億円を納め、これも日本新記録です。

その他に、心の楽しさと経済的豊かさを両立させるための著書を何冊も出版されている方です。

この小冊子は、健康をテーマに斎藤一人さんが録音した話を書き下ろしたものです。

どうぞ、ごゆっくりお楽しみください。

はじめに

私は事業家なので、こういう不思議な話は今まで避けてきましたが、私をここまで成功させてくれたみなさまに少しでもお役に立てればと思い、お話をさせていただきます。

ちなみに、私はなんの宗教にも属しておりません。

いきなりですが、信じられないような話をします。

私はちっちゃいときから、真理についてなにかわからないことがあると、夢に白い光の玉が出てきて教えてくれるのです。

私は勝手に「光の玉」と呼んでいるんですけど、「神さま」という人もいるし、「天からのひらめき」という人もいます。

私はその光の玉にいろんなことを教わりました。それで、教わったことをみなさんにもお伝えしたいなと思って、シリーズで小冊子を作ることにしました。

この小冊子が、その第一号です。

今回は「健康を呼び込む奇跡の言葉」という話をします。

では、さっそくはじめます。よろしくお願いします。

斎藤　一人

本来、健康が当然なんです

みなさんに「健康を呼び込む奇跡の言葉」というのを教えたいなと思っているんですけれど、その前に、話しておかなくてはならないことがあるんです。

本来、人間っていうのは、ふつうなら健康が当然なんです。

それなのに、なぜ人間は病気になるのか。なぜ病気を呼び込むのか。

そして、なぜ、こんなに病気が多いのか。

学者さんたちが毎日新製品を考え、製薬会社が新薬を出し、お医者さんがいろんな努力をしているにもかかわらず、なぜ、世の中にはこんなに病人が多いのか。

なおかつ、新しい病気がどんどんできてくる。人のからだ一つに対して、もう何千っていう病名があるぐらい、病気が多く、今までになかった病名が増えている。

それは、おかしいんじゃないのか。

なぜ病気になるのか、まず、その根本原因をお話ししたいと思うんです。

根本原因がわかったとしても、現代医学が必要ないといっているのではありません。

現代医学を取り入れながら、私が教えたこともやってみたらよいのではないかと思います。

食事のバランスも大事だけど、「病は気から」なんです

人間のからだというのは、大きく分けて、肉体と精神でできています。

精神を「魂」と呼ぶ人もいます。なんと呼ぼうがみなさんの自由なんですけど、要は、精神と肉体という、二つのものに分けられるんです。

それで、肉体のほうは栄養でできているんです。

つまり、人間は、日々、ものを食べて、血や細胞をつく

っているんです。

ということは、病気は食事に問題があるんじゃないか。肉ばっかり食べちゃうとか、ついついラーメンが多いとか、そういう食事のバランスがとれていない状態を、なんにもしないで、ずぅーっと放っておけば、確かにからだにはよくないよね。

だから、食事のバランスをとらなきゃいけない。

ただ、青いものが足りないからといって、青いものを必要な分だけ一生懸命食べるというのは意外と難しいんです。しかも、全部無農薬でとろうとすると、もっと大変です。

だけど、今はサプリメントやなんかで足りないものを補うことができるんです。

ウチの会社でいうと、「青汁酢」というのがあって、それを飲むことによって食事のバランスは充分にとれると私は思っているんです。

そして、バランスをとってくれれば、食事のことはたいして問題ではないと思っているんです。

問題は、精神のほうです。

精神とは、あなたが考えていること、思っていることです。

昔から「病は気から」といったんですけれど、今の病気のほとんどは、お医者さんもいっている通り、実は精神的なストレスが原因のことが多いんです。

トラに会っても、「休止命令」が出れば問題はないんです

まず「病は気持ちからだよ」という話をします。

たとえ話なんですけど、昔むかし、人間が外を歩いていたら、前からトラが出てきた。トラが出てくるとビックリしますよね。

ビックリすると、からだの外側に起きる変化としては、手から汗が出る、足の裏からも汗が出ます。

なぜ汗が出るのかというと、トラと戦うか、逃げるか、

しかないんです。それ以外に、トラに食われるか、っていう選択もあるんだけど（笑）、一応、人間は防御しなきゃいけないからね。

それで、逃げるとすると、足が乾燥していると大地を踏みしめられなくて、すべって転ぶから、足の裏から湿気が出るようになってます。

それから、棍棒をもって戦おうとか、槍をもって戦おうっていうときは、手がピタっと棍棒とか槍をおさえていないといけない。だから、手から汗が出る。

時代劇でも、戦の前になると、刀の柄を水でぬらしたり、ああいうことするのは手がすべって刀が落っこちないようにしてるのね。それを自然のうちにからだがやってくれる。

ホントに、人間のからだはすごくよくできているんです。

じゃあ、からだのなかではどうなっていますかっていうと、血液中にアドレナリンなどの、いろんなホルモンが出る。それから血をかためる作用がある物質も出ます。

なぜかというと、トラと戦うとき、スパっとトラに爪で切られることもあるよね。爪が刺さっちゃうこともある。そうなったとき、すぐ血を止めなきゃいけないから、血をかためる物質がどんどん出るようになってる。

それから、頭に血が回らなくてフラフラしてたりすると戦えないから、アドレナリンが出て心臓がドクドク、ドクドクして、血圧をあげるようになっている。筋肉にも力が入って緊張します。

そうやって、戦闘態勢を整えるようになっています。それでトラが逃げてくれるか、自分が逃げて、「あぁ、よかった」ということになると、戦闘状態から「休め」の状態になります。

脳から休止命令が出て、グゥーっとかたまっていた筋肉がゆるむし、血圧もさがるし、正常に戻るようになっています。

ところが、実際にトラに会わなくても、精神的なストレス――心配や怒り、恐怖や不安など――があると、本人が気がつかなくてもジワジワと戦闘状態と同じ反応をからだがしてしまうんです。

ですから、今の人はなかなか「休止命令」が出ません。

今はトラに会うことはめったにないんだけどね……

今は、たとえば、小さいときから学校で競争させられたりしますよね。

それから、道路には車がブーブー走っていて、横断歩道なんかを渡るときは「車にひかれたら死んじゃうよな」とか思いながら歩かなきゃいけないんです。

昔は、そんなこと、なかったんですよ。昔の人は、たいがい、ちっちゃい村で生まれて、病気ひとつしないで死んでいったんです。ホントですよ。

医者にかかるときって、最期の臨終のときで、それぐらいしか医者にかからないぐらい、みんな健康だったの。それで、その頃って、食事のバランスなんかも意外にとれてたんです。自然のものを食べていて、それしかなかったんですから。

今、みんなが心配している、農薬なんてものもなかった。ニュースは村の話題しかなくて、村で人殺しが起きるのは数百年に一回で、ホントに平和だったの。

今は、テレビをつけると毎日のように「どこの誰さんが誘拐されました」とか、「殺されました」とかって、日本じゅうに悪いニュースばっかり流されているから、「いつか自分も殺されるんじゃないか」「娘が、さらわれるんじゃないか」とか不安になっちゃう。

自分が勝手に想像して、不安な状態になるの。

不安になると、ほぼ毎日、いつもトラに会っているのと同じ状態が続くんです。

現実に起きていなくてもなるんです。ホントに娘がさらわれていなくても、「もし、娘がさらわれたらどうしよう」って思っていると、さらわれたときと同じ状態にからだはなるんです。

それが証拠に今、目の前にどんぶり一杯のすっぱそうな梅干がここに出たとしたら、それを想像しただけでツバが出ましたよね。

ということは、想像すると、見たのと同じような現象が起きるんです。

からだのなかで血をかためる物質とか、血圧をあげるホルモンとかをどんどん、つくります。からだのなかに、たまってくるんです。

そんな状態が続くと、ある日、血がかたまっちゃうの。で、血管がふさがっちゃう。

脳の血管がふさがっちゃうと、ひっくり返って倒れちゃったりする。

それから、血圧もあがっちゃう。血圧があがったまま、ずっといると、ある日、血管が切れちゃう。脳の血管が切れると、脳溢血になるよね。

そういうのが腎臓で起こると「腎臓が悪い」だとか、肝臓で起これば「肝臓が悪い」だとかいうことになるんです。

だけど、そういう物質とか、ホルモンが出るのが一時的なもので、ちゃんとストップできれば、なんてことはないんです。

ストップしちゃえば、今たまっているものって、オシッコから出たり、汗から出たり、便から排出されたり、自然に分解してくれたり、たいした問題ではないんです。

いけないのはストップできないで、物質が出続けてしまって体内のバランスがくずれて、自分で自分の病気をつくってしまう。
これが今すごく、一番多いと私は思っているんです。

自然食、無農薬はいいんですけど、心配性じゃありませんか？

玄米菜食だったり、無農薬にこだわる人がいます。天然のものしか食べない、無農薬のものしか食べない。すごく、いいことなんです。

だけど、そういう人って、意外と「娘がぜんそくなんです」とか、「私、ここが悪いんです」とか、具合の悪い人が結構いるんです。

食べているものはすごくよくて、毒性がない。だとしたら、病気になってる最大の問題はなんですか、っていったとき、実は心配性なんです。

農薬をちょっとでも使っていたら「**気になる**」という人は、元々が心配性なんです。

だから、農薬以外にも、子どものことも心配だし、将来のことも心配だし、「ある日、交通事故に遭うんじゃないか」って心配します。

そうすると、食べてるものはよくても、からだのなかで余計な物質をどんどん、どんどんつくっちゃう。簡単にいうと、自家性の中毒みたくなっちゃって、病気が多いということになっちゃうんです。

だから、心配はやめたほうがいいよね。

ところが、周りの人が「あなた、そんなこと考えちゃダメよ。もっと、いいこと考えなさい」といっても、なかなか心配はやめられません。

自分も「心配するのをやめよう」と思っていても、心はどうにもならないんです。

「思い」をなんとかすることはできない。そして、からだは「思い」に従ってしまう……。

でも、「思い」というのは、実は言葉に従うんです。

そこで、私が**光の玉**、神さまから教わった奇跡を起こす言葉をみなさんに伝授します。

一瞬のうちにして、**その出過ぎた物質やなんかをつくるのを止めて**、休止命令を出してくれる奇跡の言葉です。

ホントに、こんな簡単なことで効くのかと思うでしょうが、効くんです。

たとえば「開けゴマ」っていう言葉が鍵だとすると、たった一個の鍵がカチャンと合えば、その扉って開きますよね。鍵って、どんなにちっちゃい鍵でも、その鍵じゃなきゃ開かない。

なにをいいたいんですかって、似たような言葉をなんぼ並べてもね、ダメなんです。

では、今から光の玉から教わった奇跡を起こす言葉を教えます。

「今日はいい日だ」です。

はじめに「奇跡の言葉」ありき、です

声に出さなくてもいいです、出してもいいです。
「今日はいい日だ」と何回もいってみてください。
一日最低四〇回は、いったほうがいいですよ。
あなたのからだに奇跡が起きます。
キリストがいったように「はじめに言葉ありき」です。
どういうことかというと、自分が「いい日だ」と思って
なくてもいいから、先に「今日はいい日だ」というのです。
そうすると、この言葉に脳が従い、そして、からだが従

います。

「いい日だ」っていうのは、娘はさらわれない日です。さらわれた日を「いい日だ」という人はいません。

交通事故に遭う日でもありません。もちろん、トラにも会いません。

そういう嫌なことがない日が「いい日」です。

「今日はいい日だ、今日はいい日だ」というと、脳は「そうか、いい日なんだ」と判断して、からだに休止命令を出します。

そうすると、ふぁ〜っと筋肉がゆるみます。戦闘態勢で、アドレナリンなどの物質を出そうとか、血圧あげなきゃとかいう状態ではなくなります。

だから、心配なとき、**なにかありそうな予感がするとき**、「あっ、今、自分は余計な物質をつくってるんじゃないか」と思ったら、「今日はいい日だ」、「今日はいい日だ」といってください。

これをやりながら、「青汁酢」でも飲んでください。これで食事のバランスは、私は充分だと思っています。

それと同時に、「今日はいい日だ」って。

両方やることが大切なんです。

そうすると、健康を呼び込むだけじゃありません。

〝いいこと〟がもう一つあります。

昔から「日本は言霊《ことだま》の国」というんです。

言霊というのは、いった言葉が現実になる。

それを言霊の作用といって、「今日はいい日だ、今日はいい日だ」といっていると、健康を呼び込むだけじゃなくて、しあわせを呼び込んじゃうんです。

今日が本当に、いい日になっちゃうんです。

こんな簡単なことで本当によくなるのかと思うでしょうが、だまされたと思って一ヵ月続けてみてください。そして、病院で検査を受けてみてください。

その結果に、あなたはビックリすると思います。

どんな病気で苦しんでいる人も、一度は挑戦する価値があると思いますし、今健康な人はますます活力がみなぎってくると思いますよ。

人間のからだは「宇宙エネルギー」でできています

今まで話してきたことは「病は気持ちからなるんだよ」という話です。

これからする話は、別に信じなくてもいいですよ、の話です。

なんですかっていうと、もう一つの「気」、エネルギーの話をします。

エネルギーとは、天気の「気」、要は「宇宙エネルギー」

です。

人間のからだ、麦や米、魚、花、土、石、地球上にあるものすべて、この地球という星自体、宇宙エネルギーででき ています。

つまり、元気とは「からだの元に宇宙エネルギーが満ちている」ということです。

すべてのものは、宇宙エネルギーがかたまってできたものだからね。金だって、銀だって、分解して分解していくと、最後にはエネルギーになっちゃうんだよ。ホントだよ。

だから、それぞれのエネルギーの状態によって固有の波動が出ているんです。

金は金の波動、銀は銀の波動、鉄には鉄の波動、地球上に存在するものは、すべて独自の波動をもっています。

普通、各々の波動は変えられません。ところが、人間だけは、波動を変えることができるんです。

波動を変えることができるから、人間のことを「万物の霊長」というんです。

なんで、こんな話をするのかというと、同じ人間でも、いつも悲しいことを考えてる人と、「今日はいい日だ」といってる人とでは波動が全然違うの。

わかりづらい？　じゃあね、よく「あの人はオーラがあるね」とかいいますよね。

人間のからだから、オーラというエネルギーが出てるの。いつも「悲しいな」とか、いってる人で、「あの人はオーラが大きいね」といわれてる人は、まずいない。

先々のことを考えて「もう、いいことないな」とか、「病気になるんじゃないか」とか、「医療費はどうなるんだ」とか悩んでる人と、どんなときも「今日はいい日だ」といってる人とではオーラが違うんです。

それで、このオーラによって呼び込むものが違ってきます。

なにをしても、しあわせになっちゃう人と、不幸ばっかりくる人がいるの。それはなんでですかって、出してるオーラの違い、波動の違いなんです。

だけど、人間は「万物の霊長」だから、言葉でオーラは変えられる。波動を変えられるんだよ、ということなんです。

おわりに

今回は健康のことを話しました。

食事のバランス、自分の心がまえ、言葉の大切さ。

そして宇宙のエネルギーを取り込むことによって、本当に健康って得られるんだ。しあわせにもなれるんだ。

という信じづらい話をしました。信じられた人だけ、やってみてください。

次回は「人間はなんのために生まれてきたのか」「生まれて、なにをするんだ」、という話をします。このことがわかると、人生ってどんどんよくなるんです。

それから、おいおい魂的な視点での、子育ての方法、人の接し方、そういうものも、これから小冊子にして出していきたいと思っています。

ひとまず、今回はこれで終わります。ありがとうございました。

斎藤　一人

斎藤一人さんの公式ホームページ

http://www.saitouhitori.jp/

一人さんが毎日あなたのために、ついてる言葉を、日替わりで載せてくれています。愛の詩も毎日更新されます。ときには、一人さんからのメッセージも入りますので、ぜひ、遊びにきてください。

お弟子さんたちの楽しい会

♥斎藤一人　大宇宙エネルギーの会 — 会長　柴村恵美子
恵美子社長のブログ　http://ameblo.jp/tuiteru-emiko/
恵美子社長のツイッター　http://twitter.com/shibamura_emiko
PC　http://www.tuiteru-emi.jp/ue/
携帯　http://www.tuiteru-emi.jp/uei/

♥斎藤一人　感謝の会 ———— 会長　遠藤忠夫
http://www.tadao-nobuyuki.com/

♥斎藤一人　天国言葉の会 ——— 会長　舛岡はなゑ
http://www.kirakira-tsuyakohanae.info/

♥斎藤一人　人の幸せを願う会 —— 会長　宇野信行
http://www.tadao-nobuyuki.com/

♥斎藤一人　楽しい仁義の会 —— 会長　宮本真由美
http://www.lovelymayumi.info/

♥斎藤一人　今日はいい日だの会 — 会長　千葉純一
http://www.chibatai.jp/

♥斎藤一人　ほめ道 ———— 家元　みっちゃん先生
http://www.hitorisantominnagaiku.info/

♥斎藤一人　今日一日奉仕のつもりで働く会 – 会長　芦川勝代
http://www.maachan.com

一人さんよりお知らせ

今度、私のお姉さんが千葉で「一人さんファンの集まるお店」（入場料500円）というのを始めました。

コーヒー無料でおかわり自由、おいしい“すいとん”も無料で食べられますよ。

もちろん、食べ物の持ち込みも歓迎ですよ。

みんなで楽しく、一日を過ごせるお店を目指しています。

とてもやさしいお姉さんですから、ぜひ、遊びに行って下さい。

行き方：JR千葉駅から総武本線・成東駅下車、徒歩7分
住所：千葉県山武市和田353-2　　**電話**：0475-82-4426
定休日：月・金
営業時間：午前10時～午後4時

一人さんファンの集まるお店

全国から一人さんファンの集まるお店があります。みんな一人さんの本の話をしたり、CDの話をしたりして楽しいときを過ごしています。近くまで来たら、ぜひ、遊びに来て下さい。ただし、申し訳ありませんが一人さんの本を読むか、CDを聞いてファンになった人しか入れません。

住所：東京都江戸川区松島3-6-2　　**電話**：03-3654-4949
営業時間：朝10時から夜6時まで。年中無休。

各地の一人さんスポット

ひとりさん観音：瑞宝山　総林寺
北海道河東郡上士幌町字上士幌東4線247番地　　☎01564-2-2523
ついてる鳥居：最上三十三観音第二番　山寺千手院
山形県山形市大字山寺4753　　☎023-695-2845

観音様までの楽しいマップ

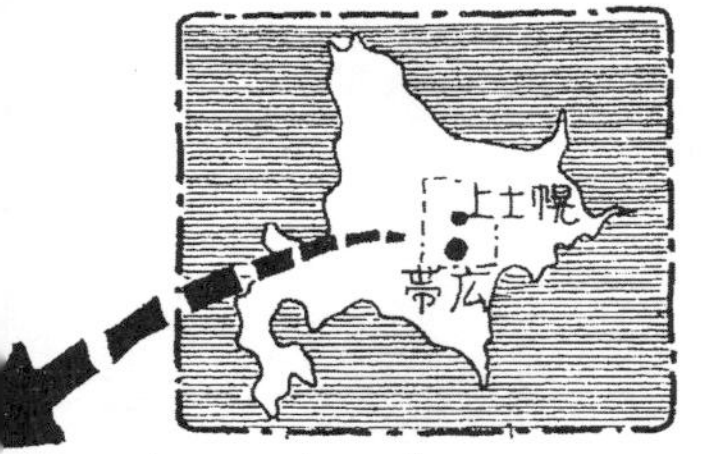

① 愛国←→幸福駅

『愛の国から幸福へ』この切符を手にすると幸せを手にするといわれスゴイ人気です。ここでとれるじゃがいも野菜・etcは幸せを呼ぶ食物かも!特にとうもろこしのとれる季節には、もぎたてをその場で茹でて売っていることもあり、あまりのおいしさに幸せを感じちゃいます。

② 十勝ワイン(池田駅)

ひとりさんは、ワイン通といわれています
そのひとりさんが大好きな十勝ワインを売っている十勝ワイン城があります
★十勝はあずきが有名で『赤い宝石』と呼ばれています。

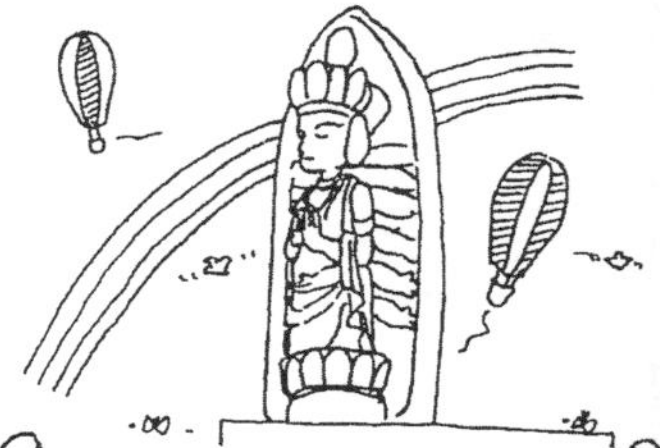

★観音様

ひとりさんの寄付により、夜になるとライトアップして、観音様がオレンジ色に浮かびあがり、幻想的です。

この観音様は、一人さんの弟子の1人である柴村恵美子さんが建立しました。

③ 上士幌

上士幌町は柴村恵美子が生まれた町。そしてバルーンの町で有名です。8月上旬になると、全国からバルーンミストが大集合。様々な競技に腕を競い合います。体験試乗もできます。ひとりさんが安全に楽しく気球に乗れるようにと願いを込めて観音様の手に気球をのせています。

④ ナイタイ高原

ナイタイ高原は、日本一広く大きい牧場です。牛や馬、そして羊もたくさんいちゃうのヨ。そこから見渡す景色は雄大で感動!!の一言です。ひとりさんも好きなこの場所は行ってみる価置あり。

牧場の一番てっぺんにはロッジがあります(レストラン有)。そこで、ジンギスカン焼肉・バーベキューをしながらビールを飲むとオイシイヨ!とってもハッピーになれちゃいます。それにソフトクリームがメチャオイシイ。2ケはいけちゃいますヨ。

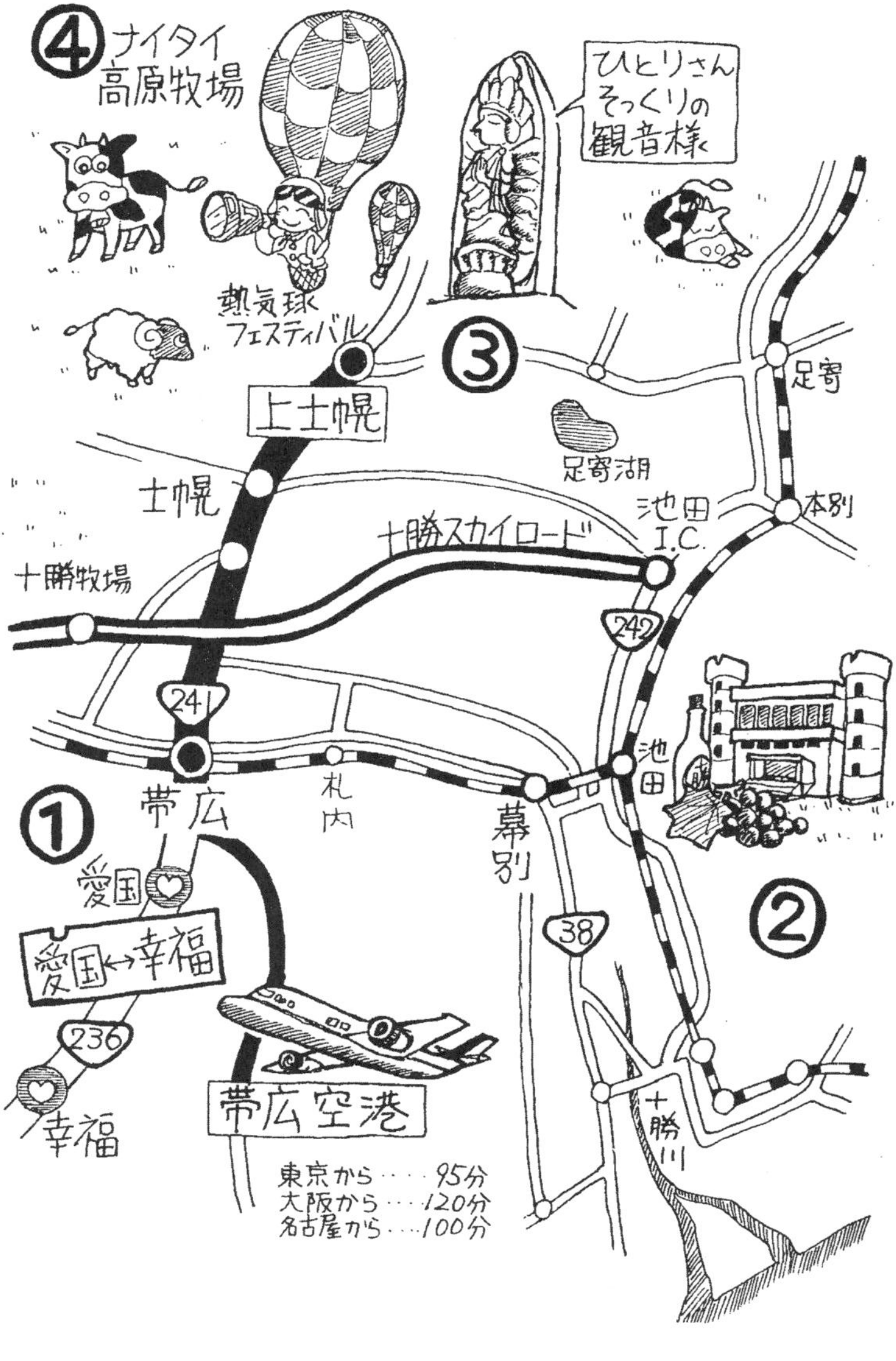

④ナイタイ高原牧場
熱気球フェスティバル
③
ひとりさんそっくりの観音様
上士幌
足寄
足寄湖
士幌
池田I.C.
本別
十勝スカイロード
十勝牧場
242
241
帯広
札内
幕別
池田
①
愛国
愛国↔幸福
②
38
236
幸福
帯広空港
十勝川
東京から……95分
大阪から……120分
名古屋から……100分

千葉県に
ひとりさん観音が…
できましたよ!!

合格祈願にぜひどうぞ!!

ひとりさんが親しくさせていただいている蔵元・
寺田本家の中に、ご好意で『ひとりさん観音』
をたててくれました。
朝8時から夕方5時までお参りできますよ。
近くまできたら、たずねて下さいね。
合格祈願・家内安全・良縁祈願・
恋愛成就に最適ですよ。
お賽銭はいりませんよ。

住所:千葉県香取郡
神崎町神崎本宿
1964
電話:0478(72)2221

観音参りした人だけ買えるお酒[4合びん/1522円(税込)]です。

ひとりさんの楽しいドライブコース

成田インターでおりて

20分→ 滑河観音 10分→ 蔵元・寺田本家

5分→ 喫茶「ゆうゆう」 20分→ 香取神宮

5分→ 香取インターで高速にのる

蔵元・寺田本家

- 成田インターから車で25分
- JR神崎駅から徒歩20分

喫茶「ゆうゆう」

住所：千葉県神崎町大貫131−3

電話：0478（72）3403

定休日：木曜日

斎藤一人さんのプロフィール

斎藤一人さんは、銀座まるかん創設者で納税額日本一の実業家として知られています。

1993年から、納税額12年間連続ベスト10という日本新記録を打ち立て、累計納税額も、発表を終えた2004年までで、前人未到の合計173億円をおさめ、これも日本一です。

土地売却や株式公開などによる高額納税者が多い中、納税額はすべて事業所得によるものという異色の存在として注目されています。土地・株式によるものを除けば、毎年、納税額日本一です。

１９９３年分――第４位	１９９９年分――第５位
１９９４年分――第５位	２０００年分――第５位
１９９５年分――第３位	２００１年分――第６位
１９９６年分――第３位	２００２年分――第２位
１９９７年分――第１位	２００３年分――第１位
１９９８年分――第３位	２００４年分――第４位

また斎藤一人さんは、著作家としても、心の楽しさと、経済的豊かさを両立させるための著書を、何冊も出版されています。主な著書に『絶好調』、『幸せの道』、『地球が天国になる話』（当社刊）、『変な人が書いた成功法則』（総合法令）、『眼力』、『微差力』（サンマーク出版）、『千年たってもいい話』（マキノ出版）などがあります。その他、多数すべてベストセラーになっています。

《ホームページ》http://www.saitouhitori.jp/

一人さんが毎日あなたのために、ついてる言葉を、日替わりで載せてくれています。ときには、一人さんからのメッセージも入りますので、ぜひ遊びにきてください。

〈編集部注〉

読者の皆さまから、「一人さんの手がけた商品を取り扱いたいが、どこに資料請求していいかわかりません」という問合せが多数寄せられていますので、以下の資料請求先をお知らせしておきます。

フリーダイヤル 0120-497-285